南涅水石刻艺术

山西省考古研究院　沁县文物馆　编著

刘永生　郭海林　主编

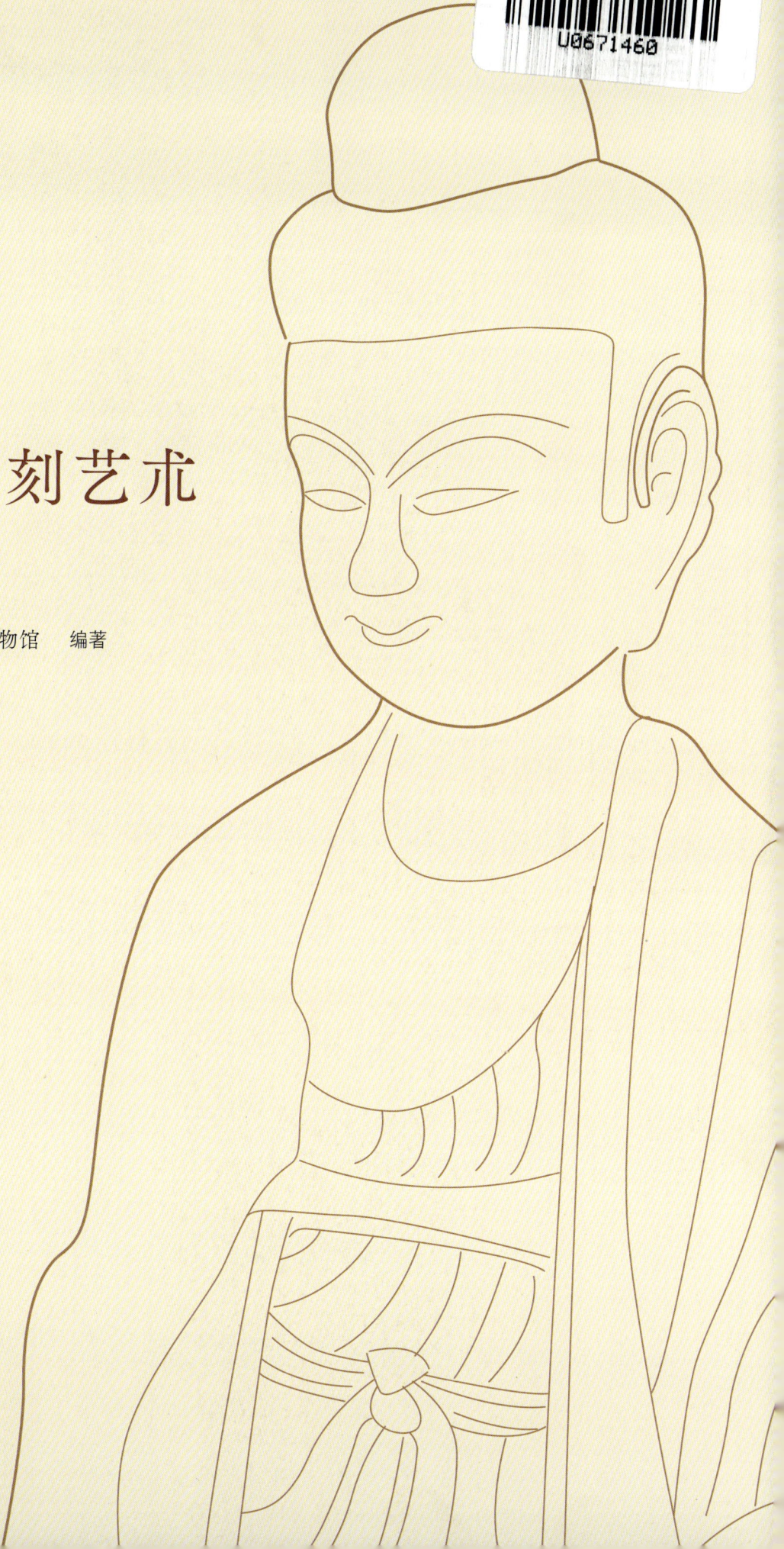

文物出版社

图书在版编目（ＣＩＰ）数据

南涅水石刻艺术 / 山西省考古研究院，沁县文物馆
编著；刘永生，郭海林主编 . -- 北京：文物出版社，
2022.2

ISBN 978-7-5010-7307-8

Ⅰ.①南… Ⅱ.①山… ②沁… ③刘… ④郭… Ⅲ.
①佛像—石刻造像—中国—图录 Ⅳ.①K879.32

中国版本图书馆CIP数据核字（2021）第244088号

南涅水石刻艺术

编　　著　山西省考古研究院　沁县文物馆

主　　编　刘永生　郭海林

责任编辑　孙　丹
责任印制　苏　林
出版发行　文物出版社
社　　址　北京市东城区东直门内北小街2号楼
邮政编码　100007
网　　址　http://www.wenwu.com
经　　销　新华书店
制版印刷　天津图文方嘉印刷有限公司
开　　本　889毫米×1194毫米　1/16
印　　张　8.5
版　　次　2022年2月第1版
印　　次　2022年2月第1次印刷
书　　号　ISBN 978-7-5010-7307-8
定　　价　150.00元

目录

一

南涅水石刻的发现

南涅水石刻是 1957 年在山西省沁县南涅水村出土的一批石刻造像。早在 20 世纪 40 年代中后期,南涅水村东北就有古代石刻造像出土。1957 年秋季,山西省文物管理委员会协同县里对该地点进行了清理。

　　南涅水石刻总计 800 余件 / 组(先后调 60 余件到山西省博物院展藏),延续 500 余年,铭记中最早的年号始自北魏永平二年(509 年),最晚至北宋天圣九年(1031 年)。造像有单体造像、组合造像和方体四面造像石叠置组合几种形式,造像精美,技艺高超。这批石刻为研究佛教造像的断代提供了确切依据,为研究佛教造像艺术提供了精美的实物,为研究北魏至唐宋时期佛教的传播提供了翔实资料,为我国美术雕塑史增添实物例证,是中华民族优秀历史文化中的一块瑰宝。

▼1988 年建成于沁县
　二郎山的南涅水石刻馆

南涅水石刻出土后，引起了各级领导和学术界的关注。鉴于南涅水村位置偏远，简陋的条件为保护和研究带来种种困难。1962年，将全部石刻运回沁县文化馆保存。1965年，南涅水石刻被公布为山西省第一批重点文物保护单位。"文化大革命"后期恢复工作，南涅水石刻的整理和研究工作再度恢复。1978年，山西省文物工作委员会拨款建简易廊房，经初步整理将石刻对外陈列展出。因石刻馆紧邻沁县西湖水库，地势低洼，直接影响长期保护。1985年，在国家财政资助之下，在沁县城南的二郎山，兴建了具有民族建筑特色、规模宏大的专题陈列馆。1989年，正式对外展览。2011年又对展览进行了改陈。

南涅水石刻出土六十余年，引起了国内外文物、历史、宗教、美术等学术界专家学者的重视。2004 年，山西省考古研究所将此列为专项课题，拨出专款。在各级领导的大力支持下，课题组同志齐心协力刻苦奋斗，与沁县文物馆同志一道对石刻资料进行了全面系统整理，于 2022 年出版了《南涅水石刻》报告（上、中、下三册），将全部资料刊发。本书择其精华简要介绍南涅水石刻的艺术内涵。

▶ 石刻馆
▶ 石刻馆庭院

二

南涅水石造像的时代特征

石造像蕴含了深刻的文化内涵，其优美的造像形象具有典型的艺术价值。沁县南涅水虽为交通的十字交汇点，但它相对偏僻的地理位置使它远离了战火的破坏。得以保存下来的南涅水石造像集中地表现了佛教造像中国化过程中的诸多特点，可以说是反映佛教造像变化过程的典型标本。

南涅水石刻由一批四面造像石、单体造像、组合造像、碑碣组成。四面造像石又有不同大小的尺寸，可以组合成一组组高低不同的塔形石雕。它的组合原本类似云冈石刻的中心塔柱，而今塔檐已损坏殆尽，只剩四面造像的石体，失去了往日的风采。但这些精雕细琢的造像石，依然述说着当年的辉煌。精美的造型、精致的造像、和谐的造像组合表达出了造像者的祈求愿望，演绎出善男信女们的悲欢离合，也给我们留下了无限的遐想。

▶ 四面造像石

◀ QN 七〇一
北魏胡甲军造像碑

▼ QN 二五三
永平二年造像
（509 年）

四面造像石组合形式多样。造像或单置，或三五叠置成塔，灵活多样，适应了不同层次、等级人群的需要。佛造像也有不同形式、不同层次。有复杂的满面佛龛，精细高贵的造像，也有相对简单、世俗的形象。

QN 六九四武平元年（570 年）景敬贵兄弟造像纪铭碑记载："敬造石像一区，举高五级。刊石铭工，峨等金山，辉光赤水。裁白玉而为口，图其万化之形象，圂是千轮之相，夺三有之奇。"五级一组可见当时造像之规模和形式。

南涅水石刻总体风格朴素无华，石雕基本不设色，靠艺术家赋予石像永久的生命。南涅水造像时代不同，风格各异。现以北魏、东魏、北齐、隋唐（含北周风格）四个主要时期来介绍南涅水石刻造像的艺术风格。

造像编号以《南涅水石刻》报告为准，其中 QN 为沁县南涅水汉语拼音首字母简写，编号顺序用中文数字表示，四面造像石的四个面用阿拉伯数字 1、2、3、4 来指代。

▼ QN 四四八碑阴
　时代：北魏正光二年
　（521 年）

▶ QN 六九四碑阳
　时代：北齐武平元年
　（570 年）

十五武平元年歲次庚寅二月癸卯朔八日庚

戌佛弟子章敬等敬造

像出現合利騰天披斯檀像出辰而

光璩通於前頂惠遊界自始於

獎窟屍深柵石恒尚

起金微製妙幼寧珠機

赤石像白玉而一臣巍高言未朱誰云

相厚三有坐齊夫觀廬萬化之所被是六士馬一

虫恒不殊觀雜郢始山似月之善贊超四像之所

外為皇帝不殊工柱東陰成河振四狀干交寧舍命

一切七先立注生安養之歸現存眷屬延命

賢一頑七有利迎逝心正同墓像誰命善

福三空火大有利迴速有國有緣覺盛朗

餘敕撥火燾邀速有國有緣覺盛朗

1 北魏时期

南涅水石刻中最早的为北魏太和时期（477~499年）造像。

北魏时期神龟年前后至北魏末年，造像中佛头顶上为磨光高圆肉髻，神态沉静，面相端庄大气。佛像内着僧祇支，外披方领褒衣博带式或通肩大衣。下部着裙，裙的下部有较密的衣褶。雕刻技法娴熟，表现出工匠的高超技艺。

QN 五六八　太和风格残造像

尺寸：残高 17.2、宽 17.9 厘米；
台座高 7、宽 9.5、厚 17.9 厘米

QN 四三八 ✐

尺寸：高 102、宽 49、厚 30 厘米；
台座高 33、宽 30、长 56 厘米

QN 四四八　正光二年（521年）造像

尺寸：高 103、宽 82 厘米；

台座高 27、宽 33、长 50 厘米

QN 二二四—3

尺寸：上宽 56~59、下宽 60~63、通高 63 厘米

另外，北魏时期南涅水石刻造像还有当时社会流行的南朝贵族士大夫的瘦削形象，以秀骨清像为主。在北魏孝文帝提倡汉化改革以后，作为佛教艺术的石窟，汉化造型特点更为鲜明突出。造像也吸收汉族士大夫风格，褒衣博带，清风秀骨，发展了东晋以来顾恺之、陆探微的人物画的画风。《历代名画记》卷五："面如恨刻，削为仪容。""秀骨清像……令人懔懔若对神明。"如戴颙造像："像成而恨面瘦……既减臂胛，像乃相称。"

▼QN 二〇〇一1 局部
秀骨清像的极点形象

南涅水石刻中尤为突出的还有一种威武英俊的长方脸形造像，在其他地区石刻造像中不多见。北齐墓葬壁画中的人物多有这种造型，以北齐娄睿墓为例可以看出北齐时期对这种形象的尊崇。此造型存在于北魏晚期，数量较多，延续时间较长，显示出北方民族的强悍英武形象。这部分造像冕式变化较多，以长方形冕为主，冕楣装饰繁复，气氛热烈，表现出严谨、喜庆、欢乐的景象。佛像汉化，"敬天子即是礼佛""当今天子即如来"，此论迎合了帝王所好，为他们找到维护自己权威的借口。

北齐高祖高欢为鲜卑化汉人，"既累世北边，故习其俗，遂同鲜卑。长而深沉有大度，轻财重士，为豪侠所宗。目有精光，长头高颧，齿白如玉，少有人杰表"。在北魏末期，权臣高欢的势力范围内，都尊崇高欢的形象。在佛像面相向秀骨清像变化的过程中，塑造出长方大脸形象。但真正进入北齐后，此种形象却未能长久，又向丰圆变化。

QN 二〇〇—1

尺寸：上宽 50~54、下宽 54~59、通高 70 厘米

尺寸：上宽 25~26、下宽 25~26、通高 29 厘米

QN 二一三—3

尺寸：上宽 50~52、下宽 50~52、通高 64 厘米

2 东魏时期

　　东魏至北齐，时间仅 18 年，相当于南北朝的晚期。东魏时期
造像似是对北魏时期秀骨清像风格的否定，恢复面相丰满、质朴的
特征，出现扁平式脸。

　　东魏时期造像的胸腹部有意拉长，并略为鼓实，体现出高大
挺拔感。

　　造像出现衣帛堆砌的鼓腹，帛巾在腹部横向交叉重叠。

　　另外，十六王子佛造像增多。

QN 二四—1

尺寸：上宽 28~29、下宽 29~34、通高 37 厘米

QN 五〇—3

尺寸：上宽 29~30、下宽 32~33、高 35 厘米

3 北齐时期

　　北齐时期是南涅水造像的第二个高潮。这段时期，晋东南地区佛教石刻造像得到充分的发展。虽在北周有武帝灭法，在被灭的北齐范围内亦实行了灭法政令，这抑制了佛寺发展的趋势，但北齐被北周所灭仅四年后，北周就被隋取代。

　　北齐造像的基本风格特点：体形比例适中，身形修长。衣纹较薄，雕刻也较浅，衣纹的变化较清楚，坐佛腿部衣纹垂在台座上且变短。

　　该时期佛造像头上肉髻由圆变向低平，方圆脸形，上身内着僧祇支，外披双领下垂大衣，臂胛较前期瘦削。

　　另外，还有一个典型的变化：在造像石的仿建筑龛楣中，人字拱在北魏晚期是直脚型（如QN一三二一1），至北齐时发展成弯曲弧线曲脚型（如QN一二三一2），而东魏作为过渡时期，两种式样可能均有。

QN 九九—4

尺寸：上宽 29~31、下宽 30~31、
通高 30 厘米

QN 一〇三—2

尺寸：上宽 46~47、下宽 46~47、
通高 47 厘米

QN 一三二—1

尺寸：上宽 42~44.4、下宽 45.2~47、通高 38 厘米

时代：北魏

（北魏时期直脚人字拱样式，供对比）

QN 一二三—2

尺寸：上宽 44~46、下宽 41~46、通高 45 厘米

时代：北齐

尺寸：通高254、宽71、厚40厘米

时代：北齐

4 隋唐时期

　　隋唐时期是南涅水造像的尾声。四面造像石形式已成衰势，新出现八面体造像石。

　　北齐晚期开始，佛造像衣裾遮覆莲台变短，这是受西部造像影响，并出现圆弧。北周则更为鲜明，腿部衣纹出现两条横纹。这两条横纹有着承前启后的重要意义，因为唐代以后的衣纹已不是竖纹，而是横纹，形成一种新的式样和风格。

　　另外，隋唐之际衣纹愈来愈简洁，全身只用寥寥几根线条勾勒出来，就将体态刻画得淋漓尽致。衣纹线条在技法上也有新的变化，采用凸起的圆弧条与阴线刻结合，与北魏时期的直平刀法有很大的不同。

　　唐代造像胸腹的高度、尺寸比例比较写实，然而胸部的肌肉夸张地隆起，特别丰满，突出地表现了肌体的力量，使造像体现出健美的形体与逼人的气势，生机勃勃。

QNS · 24

尺寸：高92、宽39、厚17厘米

QNS · 22

尺寸：高 114、宽 46、厚 20 厘米

QN 四〇一

尺寸：高245、宽64、厚30厘米

时代：北周

QN 三九九

尺寸：通高 242、宽 66、厚 35 厘米

时代：隋

庄严慈悲的神佛，温婉和蔼的菩萨，虔诚肃穆的供养人，威武雄壮的天王，都显得神采飞动。他们或端坐沉思，侍立冥想，或矜持庄重，蹙眉怒目，或窃窃私语，会心微笑……无不惟妙惟肖。杰出的古代匠师们虽然表现的是那些严受佛教教义限制、动态较少变化不多的佛像，但他们巧妙地吸收外来文化的精华，发展民族艺术的优良传统，把丰富的想象与具体的写实结合起来，把极度的夸张与细腻的描写结合起来。工匠将"神"人格化，表现的是"神"，实际上是现实社会中活生生的"人"。造像塑造的是宗教世界里虚无缥缈的幻景，实际上表现的是现实生活里真切生动的场景，富有浓郁的生活气息，令人感到亲切而不神秘。

三 南涅水石刻中的佛教故事

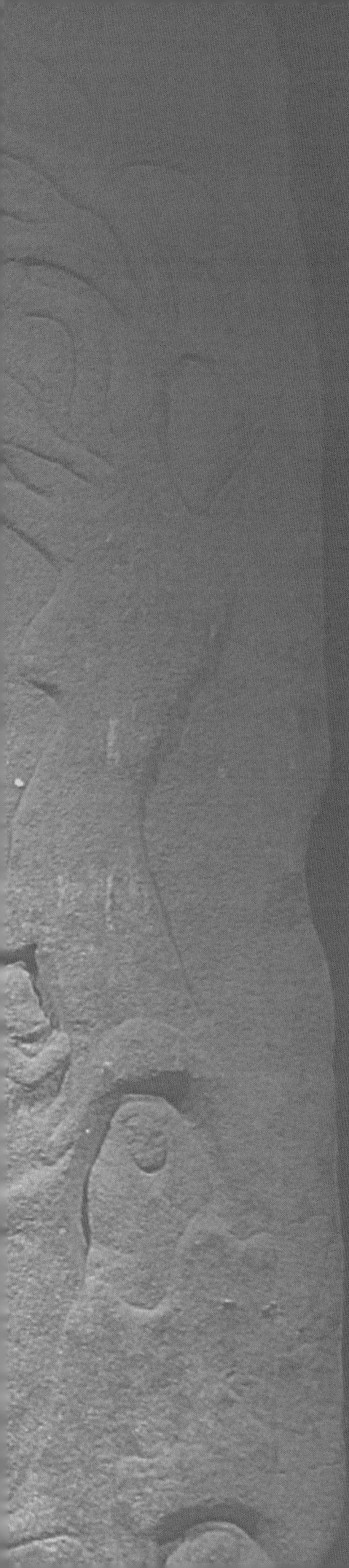

佛法有句话：万变不离其宗。净土宗、密宗、禅宗是佛法八万四千法门中很有名的宗派。所谓"宗"，在佛法里可认为是"成佛的方法或道路"，就是通过什么方法的修行可以成佛。简单地讲，净土宗主张一心念佛，口不离心，念佛成片，心佛感应，有望成佛；密宗讲究持密，包括密咒等，照样可以成佛；而禅宗则主张"当下顿悟"，一念处直指佛心。

古代印度寓言故事丰富，佛教利用这些材料阐述教义，影响深远，很多故事在传承中已为中国文化吸收借鉴，为我们所熟知。南涅水石刻中四面佛出现较早，主要是根据《金光明经》塑造东南西北四方佛：东方阿閦佛、南方宝相佛、西方阿弥陀佛、北方微妙声佛。主流大部为华严净土四面造像，形式多样，工艺参差不齐。

南涅水石刻雕造的故事性题材主要有三种类型：一是佛本行故事，颂扬佛陀从诞生为太子时到成道前的种种行为，通过神话的方式叙述释迦牟尼的事迹，如乘象投胎、骑象回宫等；二是佛本生故事，描写佛的前生修行的寓言故事，通过情节描述宣传佛教的基本教义，如救生鹿本生、雉本生，萨埵太子舍身饲虎等故事；三是因缘故事，介绍释迦牟尼"悟得无上心觉"创立教团组织，宣传佛教教义、普救众生脱离苦海的活动经历，如尼乾子执雀问佛、象护故事等。

这些题材在石窟寺雕塑和壁画中用连环画的方式表现故事情节，有一定的连贯性。在南涅水石刻中受画幅限制，只能以某个情节中的特定姿势来代表。又由于南涅水石刻造像图案设计上的自由与灵活，加之严重的残损漫漶，对题材内容的确定带来极大的困难。现将能识别出的主要佛教故事叙述如下。

▶ QN 一五二一1
二佛并座说法
时代：北魏

1 家选饭王 乘象投胎

　　故事讲述二千五百多年前，印度有个叫迦毗罗卫的小国。国王名净饭，王后名摩耶。净饭王性情淡泊，体恤百姓，深受人民爱戴，摩耶王后端庄秀丽。然而，时光流逝，仍是膝下无子，王后忧郁不止。一日在睡眠之际，梦见一头六牙白象腾空而来，从她的右胁进入身体，顾见自身，如日月照，见此端相，廓然而觉。召相师问此梦应指如何。相师至占曰，此在妙相，夫人必怀太子，隆胎之时大放光明。曰无上心觉之瑞，在家当为转轮王，出家必将成佛道。

　　南涅水石刻多采用六牙白象托送莲花童子代表以上故事。但这些画面都不是独立的，而是附在其他画面旁，表明太子的出生不同凡响。

QN 一六三—2

尺寸：上宽 46~49、下宽 50~53、通高 60 厘米

时代：北魏

2 象舆三尊 骑象回宫

　　这个故事是说太子出生后,有一聪慧伶俐的宫女,迅速从蓝毗尼园赶回迦毗罗卫城王宫,将太子降生的喜讯以及太子出生时发生的种种奇特现象禀报净饭王。净饭王听后,欢喜不能自胜,当即乘驾七宝象舆赴蓝毗尼园迎接太子回宫。净饭王到达蓝毗尼花园,见到摩耶母子二人安然无恙,向天神行礼后,百般小心地抱起太子,激动不已。在群臣后宫彩女及随从们的簇拥下,净饭王一家乘象返回宫城。沿途中,梵乐法音,聒动天地,彩帛纷飞,热闹非凡。

　　这个故事一般有两种图案。一是象背上三身造像,同为坐姿高冠;一是象舆(象背上的一种轿,古印度一种高级交通工具)中坐三人,中间似为一佛,前后各有一侍者。表现的是太子出生后回城的情形。

QN 三一—1 局部
时代：北魏

QN 一二—1
尺寸：上宽 28~30、下宽 29~30、通高 24 厘米
时代：东魏

3 犍陟舐足

太子出游四方，见生老病死种种痛苦，思虑再三决心出家谋求解脱之道。决心已定，于半夜时分命车匿备马，不得出城，四位天王各托犍陟一足，逾城而过，至深山中开始了他的苦修生涯。太子赐车匿宝物相互告别，犍陟马不忍同太子分别，半跪舐太子足，作依依不舍之状。

南涅水石刻中，描绘尤为生动的是白马吻足告别时的情景，白马犍陟前蹄跪卧，伸舌吻太子足，画面表现得感人至深。

QN 八八—2

尺寸：上宽 43~44、下宽 45~47、通高 45 厘米

时代：东魏

4 山中苦修 树下成道

太子于山中苦修六年，不得解脱，坐于菩提树下，决心悟出无上心觉。而山中外道、魔怪妖女轮番向菩萨进攻皆不得入，菩萨威严神圣的力量使魔王女儿的艳容变得衰老，她们拖着瘦弱的身体，拄着拐杖相互搀扶走开，菩萨终于得道成佛。

这一题材在南涅水石刻中表现得极为生动。在树下思维觉悟的图案旁，魔道张牙舞爪执戟操剑威胁佛陀，疾风吹动树叶寓意严酷的环境考验，枝叶倾倒喻形势紧急，而佛陀岿然不动。画面对比强烈，给人以震撼的感受。

QN 一五—4 人物多，场面复杂。菩提树被疾风吹动，树下有草庐苦修人，树干上有猴子。太子着菩萨装成道觉悟，左侧有魔道，右侧有生病之人形。下部饰山峦。

QN 一三九—1 表现了太子顿悟的情形。太子眉头舒展，手作说法状，气氛活泼，空中飞天飘舞庆贺。此画面没有山中修炼的草庐以及苦难的人群，而是满壁的佛龛。

QN 一九二—4 太子在菩提树下作思维顿悟状。左侧莲台上一侍从手握高莲台，台上一只大鹏金翅鸟展翅欲飞。这应该是寓意鸟窝的故事，鸟窝变成了莲台。

QN 一五一4

尺寸：上宽 45~54、下宽 49~50、通高 58 厘米

时代：东魏

QN 一三九—1

尺寸：上宽 45~46、下宽 49~50.6、通高 56.2 厘米

时代：东魏

QN 一九二一4

尺寸：上宽 25~27、下宽 28~29、通高 31 厘米

时代：北魏

5 初转法轮

　　"轮"是古印度的一种非常锐利、威力无比的兵器，"法"是指佛法，"法轮"喻佛法无边，无坚不摧。

　　佛往婆罗奈国传教时，侨陈如、摩诃那等五人不约而同地来到佛所。世尊观五人根基，堪任受道，为之开演正觉，讲述佛法，唱声至三十三天，五人受戒出家，僧团组织初创。初转法轮描述佛陀在鹿野苑讲经取得成功，从此佛教三宝俱备的故事。佛宝为释迦牟尼，法宝为佛教的教义和经典著作，僧宝指僧团组织。初转法轮是释迦牟尼四十五年传教活动的开端。此后，他不懈地奔波于印度恒河两岸，广播法雨，普度众生，皈依者云集。

　　初转法轮的画面，在克孜尔石窟中是佛的两侧有比丘僧数人合掌听法，上有诸天侍卫，佛座前有二鹿跪伏，旁边有两只法轮。

　　南涅水石刻中仅见一处。QN一六四—4佛作跏趺坐，说法印，左右二力士护法，座前二轮下有狮子跪卧作回首状。

QN 一六四—4

尺寸：上宽 38~40、下宽 45~46、通高 56 厘米

时代：北魏—东魏

6 调伏醉象

　　调达与阿阇王共议毁佛，以王命敕令国人不得供奉佛陀，并设计使五百大象饭酒使之醉。佛与弟子五百罗汉入城，象群蜂拥而至，搪颓墙壁皆叮衔而前，房屋悉数破坏，全城战栗。五百罗汉见状飞起空中，独阿难在佛侧，佛以五指化作五百狮子，同声俱吼，象群伏地不敢举头，挥泪悔过，阿阇王与一城民众莫不敬肃皈依佛。

　　南涅水石刻中QN六七—1表现了该题材：佛站立象背，象鼻裹卷一人头，上站立一人。

QN 六七—1

尺寸：上宽 28~29、下宽 28~29、通高 27 厘米

时代：北齐

7 涅槃变

　　释迦牟尼八十岁时，在毗舍离度过了雨季，又带病行至拘尸那迦城外的希拉尼耶伐底河边。那里有一片娑罗树林，佛陀与阿难陀走进树林。他叫阿难陀在两棵娑罗树中间铺上草和树叶，又将大衣铺在上面，然后佛陀头向北方、面向西方、右肋而卧、头枕右手。佛陀选择这处僻静、荒野的地方，作为他涅槃的处所。释迦牟尼八十岁时逝世，一颗伟大的心脏停止了跳动。这时是公元前544年，当周景王元年的时候。二月十五日中夜月圆时分，世尊右肋而卧，泊然入寂。涅槃入灭在造像中规定的格式是"北首左胁侍，枕手累双足"，众弟子跪伏佛侧，作哀号、悲痛状，情节生动哀感至深。南涅水石刻造像中刻画了这种情形，如 QN 一〇八—2。

　　佛祖释迦牟尼涅槃后装殓入棺，准备火化，双树间香木已经堆起，点火金棺不燃，等待大弟子迦叶的到来。迦叶行礼后，绕金棺赞颂，诸力士族人投七宝火炬，亦悉不燃，如来以大悲力，自入火光三昧，由心胸中火踊出棺外，于是，香木自燃，大火炽盛。渐渐荼毗。经七日，旨悉焚尽，诸王分取舍利，各起塔供养之。QN 一〇八—3 表现了当极度悲痛的弟子迦叶来吊唁时，佛祖从棺内千层氎布（氎：音 dié，细棉布）重裹中伸出双足的情形。

QN 一〇八—2

尺寸：上宽 28~29、下宽 28~30、
通高 29 厘米

时代：北魏

QN 一〇八—3

8　救生鹿本生　雉本生

　　鹿本生故事是讲述如来修菩萨行时为鹿救生的故事。很早的时候，有一片树林着火了，鸟兽都走投无路，前有急流，后有烈火，无不沉溺丧生。这只鹿心怀恻隐，身居急流，以至皮穿骨断，强忍痛楚以救溺者。跛兔最后来到，鹿忍着疲乏和痛苦将它渡过河去，结果自己筋疲力尽，溺水而死，感天动地。

　　雉本生故事是说如来修菩萨行时，为雉王。一次林中失火，大火冲天，这时一雉鸟心怀悲悯，飞往河里把羽毛沾湿，又飞回树林上空费力地把水洒下来灭火。这时天帝释俯身告雉说："你为什么这么愚蠢，枉费羽翼之劳？大火熊熊，焚烧林野，岂是你小小的身躯所能扑灭的？"雉道："天帝释有很大的福力，想做什么都可以做到，救灾拯难，易如反掌。现在不但不来拯救，反而讥问我徒劳无功，你的责任哪里去了？"雉继续飞向河水。天帝便用双手掬水，遍洒树林，顿时火灭烟消，生物的性命赖以保全。

　　在 QN 二一八—4 佛龛龛楣上部画面中，鹿面临大河，兔、鸟等作奔逃状。

QN 二一八—4

尺寸：上宽 36~38、下宽 40~41、通高 40 厘米

时代：北魏

9 萨埵太子舍身饲虎

据《金光明经》卷四《舍身品》载：很久以前，在南瞻部洲有一个叫摩诃罗檀囊的大国，国王有三个王子，其中幼子叫摩诃萨埵。一天，三位太子在郊外山林中游玩，忽见山崖下有一母虎刚产下七只幼崽，奄奄一息。萨埵看到后顿生怜悯之心，自念：我应该施我的身体给母虎啖食，不然母虎一旦饿死，七只小老虎就无法活下去了。便找借口离开二位兄长，将自己的身体投向老虎，老虎饥饿过度，竟无启齿之力。于是，萨埵走上崖顶，用竹竿自刺颈项，鲜血流淌，随即跃身投下，落在虎口旁，母虎舔舐着鲜血，逐渐恢复了体力，开始大口啖食起来。

二位兄长迟迟不见弟弟跟上来，返回寻找，只看到衣物与白骨。国王夫妇得知这个消息，直奔萨埵殉身的地方，他们收拾起太子的残骨，在原地起塔葬骨，纪念怜悯万物的小王子。萨埵应此因缘，转生兜率天，得到善报。

QN 三五—2 左下部为一幼童样人奋力拉一老虎，虎回首望着人。这画面描述的应该是舍身饲虎故事。

QN 三五—2

尺寸：上宽 35~38、下宽 37~40、通高 49 厘米

时代：北魏

10 阿育王施土 三子献食

　　释迦牟尼三十五岁时成道，从此开始了他艰难的传教生涯。佛与阿难在舍卫城乞食时，一群小孩在路边用土堆砌"粮仓"玩耍。其中一位小男孩远见佛陀走来，萌生敬意，从粮仓中捧出"谷米"施佛，向佛献上泥土做的礼物，因人小够不着，只好三个小孩叠罗汉式向佛献上礼物。佛陀与阿难说："这个孩子将来当做国王，名叫阿输迦，另一个小孩当做大王，他们统领一切国土，广设供养，并起八万四千座佛塔。"这位国王就是后来的阿育王，是古印度孔雀王朝的第三位君主。

　　南涅水造像中这一题材甚为多见，形象生动，图案各异。QN一八六—3中佛侧首倾身赤足站立，伸右手接收三童子叠罗递送的物品。QN一二五—1中释迦牟尼佛赤足站立在莲台上，佛的另一侧上有伞盖，下立一人。伞盖是权力和地位的象征，站立之人大概是已成国王的小儿。

QN 一八六—3 局部

时代：北魏

QN 一二五—1 局部

时代：北魏—东魏

11 象护和金象

　　《贤愚经》卷十二《象护品》讲述了象护与金象的故事。舍卫国有一位德高望重、资产丰厚的长者，他妻子生了一个男孩，孩子一出生就相貌堂堂。就在孩子出生的同一天，长者库房里突然出现了一只金光闪闪、小巧玲珑的小金象。因此，相师给孩子取名"象护"。后来小金象随着象护一起长大，小金象整天不吃不喝，却要大小便，且落地的都是金灿灿的足金。

　　阿阇世王子想方设法欲将小金象骗到手。为摆脱阿阇世的觊觎和报复，象护带着金象一同出家，进山修行，很快就达到了罗汉果位。后因妨碍了众僧的修行，象护按照佛祖的教导诵念经文，将金象送走了。

　　阿难与众比丘对此事感到惊奇，遂请教佛，象护在前世修下何种功德，得此善报。佛说："象护在前世，敬奉三宝，在绕塔行礼时，看到塔壁上所画之像已破损，于是以雌黄合泥修补，修完之后，对佛塔立誓，愿来世位处尊贵，财源不断，所以在后世受到金象的卫护"。

　　QN 七三—1 上部为二佛并坐，喻象护前世护卫佛塔所得因果，下部饰一人一象。

QN 七三—1

尺寸：上宽 44~46、下宽 47~49、通高 48 厘米

时代：东魏

12 敲骨辨因 尼乾子执雀问佛

北朝至唐初的佛教造像中常可在佛座下两侧见到一组对称出现的执雀外道、持骷髅外道,一般称之为婆薮仙、鹿头梵志。敦煌壁画始见于北魏254窟(约5世纪末),最晚的是初唐329窟(约7世纪中叶),一共画有30组。敦煌以外地区的石窟、造像碑中也大量存在,有20多组。

外道仙人鹿头梵志善医术,声称从叩打骷髅之声可知男女及病亡原因。最后佛示以罗汉骷髅而鹿头梵志不能判定罗汉往生何处,于是佛向他解释佛教能断轮回,劝其"快修梵行,亦无有人知汝所趣向处",梵志拜伏,皈依佛教。佛教通过这个故事来体现佛陀的智慧超群。故事画面常为一赤裸上身者,一腿盘曲,一手执一人头骨,一手作敲击状。

玄奘弟子普光《俱舍论记》卷三十所记载的执雀外道的故事较详细,云:"外道离系子以手执雀问佛死生。佛知彼心不为定,若答言死,彼便放活。若答言生,彼便舍杀。故佛不答。"原来执雀外道是裸形外道尼乾子(离系子)。尼乾子是当时六师外道之一,势力很大,他执雀而问佛与鹿头梵志敲尸辨因持骷髅而答佛正好是一对,都是用来说明佛陀的大智慧。在佛教造像中这二名外道一般都位于佛座两侧,曲身裸形,形象卑小,与高大端庄的佛像形成鲜明的对比,从而衬托释迦伟大、佛法精深。

描绘两故事的图案出现在南涅水 QN 一〇三一4 佛龛两侧。主龛内佛善跏趺坐,足踏莲花。龛外两侧执骷髅外道、执雀外道作问答状。表现为单线刻饰古印度人的形象,高鼻,卷发,袒上身。

QN 一〇三一4 局部
执骷髅外道

QN 一〇三一4 局部
执雀外道

QN 一〇三—4

尺寸：上宽 46~47、下宽 46~47、通高 47 厘米

时代：北齐

13 二佛并坐说法

　　《法华经》内释迦是现在佛，多宝佛是过去佛。当佛讲经说法时，多宝佛亦在天上。唱声至三十三天，释迦牟尼讲经完毕，多宝佛佛堂（一说是多宝塔）的门开了，多宝邀释迦同坐，说释迦讲的道理经典是绝圣的正理，是正确的，他可作证。一个佛是宣扬《法华经》，一个佛是护持《法华经》，石窟艺术中，就以两尊佛为主佛创造出许多这样的形象，为人们所供养。

　　南涅水石刻中，并坐说法的题材有多处。二佛并坐一起，举手搭臂作亲切交谈状，神态自然，两位世尊之间，气氛极为祥和。

QN 一八六一2 局部
时代：北魏

QN 一三二一2 局部
时代：北魏

14 维摩诘说法

维摩诘是位对佛教经典教义有研究，深通大乘教佛法佛理的贵绅隐士，居家修行。他以病为由同释迦牟尼佛委托前来探病的文殊菩萨讲经论道，讨论深奥的佛理。这种"问疾"的题材，在魏晋时就成为画家所描绘的对象，而且是最先中国化了的佛教画。当时维摩诘雄辩的才能深受提倡清谈的文人推崇，被文人士大夫引为知己。

题材见《维摩诘经》，维摩诘说法画面有维摩一人说法状和维摩、文殊论法等形式。在南涅水石刻造像中多次出现。

QN 一八七—2 维摩诘形象生动，头戴儒冠，手执尘尾，单盘腿而坐，表情丰富，口微露齿。

QN 一八七一2

尺寸：上宽 38~40、下宽 44~45、通高 53 厘米
时代：东魏

15 礼佛

QN 六九八下部雕饰供养人礼佛场面。供养人着褒衣博带式服装，头戴冠冕，举绫罗伞盖列队礼佛。QN 三五一3、QN 二○○一2 也表现了礼佛的场景。

▼QN 六九八局部
时代：北齐天统四年
（568 年）

16 娱神

▼ QN 二四七─3 局部
  时代：北魏

　　QN 二四七─3 主龛外雕饰幢倒乐神欢乐场面，俗称杂耍。左为幢倒伎，下部一人扛幢，幢上数人倒立表演；右为踩高跷表演；上部由左至右分别为气功、柔技、伴奏之吹笛击鼓等。人物穿着简朴，如民间衣着。

　　QN 二一二满壁佛龛，上部饰香云神，凌空飞舞，怀抱琵琶、羯鼓、细腰长鼓、笛、箫、排箫、箜篌等乐器为佛作乐。

四 南涅水石刻中的佛教人物

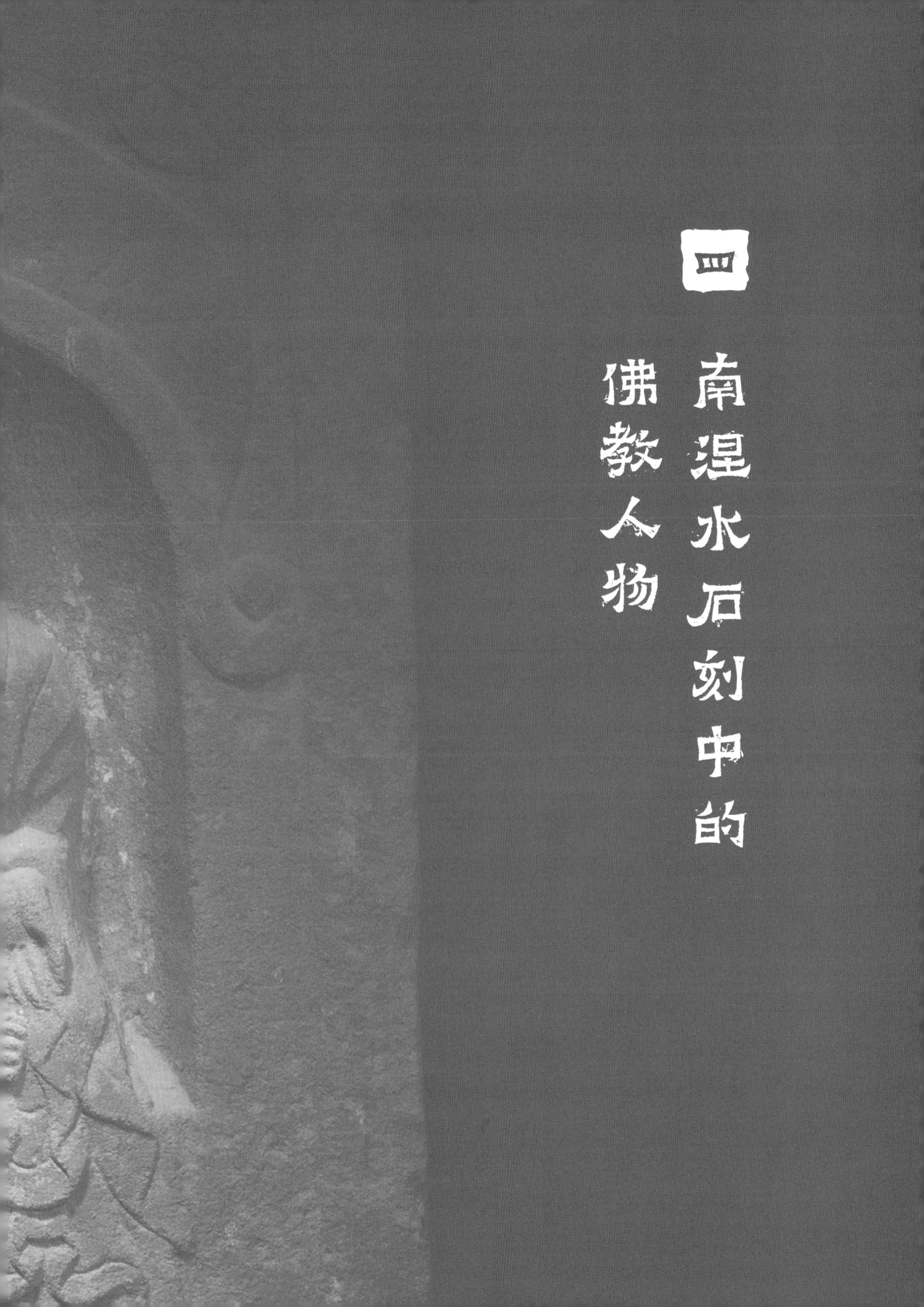

南涅水石刻中各种装饰性纹样包罗万象，归根结底是为辅助佛教活动，其中，人物类图样占的比例最高。在佛教造像中佛像有严格的标准和条件，要符合"三十二相"和"八十种好"，故有"千佛一面"的感觉。各种名号的佛、菩萨等佛教人物和造像组合都有一定的寓意，需要从不同的手相、姿势、坐式、法物来区分他们。在无史料记载又无明确题榜的情况下，为搞清楚他们的名号寓意，尽量复原原始的排列顺序，我们以肤浅的认识做初步的探索。

佛国世界拥有庞大的世系家族和组织机构，各种名号的佛是不同世界的主宰，居住在不同的方位。佛的名号按时间划分为过去世燃灯佛、现在世如来佛和未来世弥勒佛，按地域划分为五方佛，即东方净琉璃世界药师佛、南方欢喜世界宝生佛、西方极乐世界阿弥陀佛、北方莲花庄严世界不空成就佛和中央大日如来佛。南涅水石刻中的佛教人物像有佛、菩萨、佛陀的弟子、罗汉天王护法众神、佛教信徒等。南涅水石刻中的佛有现世佛释迦牟尼、过去佛多宝佛、未来佛交脚弥勒菩萨、阿弥陀佛、药师佛，还有未能辨识名号的佛，应该是属于三世佛、五方佛的范畴。

▶ QN 四〇三局部
时代：唐

1 佛

（1）过去佛　即燃灯佛，又叫"锭光佛"。锭，灯之足。佛经《大智度论》谓其出生时身边一片光明如灯。据《瑞应本起经》卷载，释迦牟尼儿时曾敬献莲花供佛，故受记收为弟子，并预言释迦牟尼在九十一劫之后成为佛。阿育王施土故事，一种观念认为图像表现为释迦儿时献莲花给锭光佛的故事，在南涅水石刻中表现较多。按《华严经》多宝佛是过去佛。南涅水石刻中较多表现了多宝佛。

（2）现世佛　即释迦牟尼佛，又称如来佛。"如来"指佛说是绝对真理，"乘如实道来成正觉"的意思。释迦牟尼历史上确有其人，原名乔达摩·悉达多，是古印度净饭王国的太子，与中国的孔子是同时代的人。他 29 岁时出家苦修，六年后，在他 35 岁时悟道成佛，创立佛教理说、规章制度、僧团组织，开始了他的传教生涯，80 岁时涅槃。他创立的佛教向古印度境外不断传播，成为世界性三大宗教之一，释迦牟尼也由一位教派创始人神化为法力无边尊贵无比的第一大神。

释迦牟尼按时间说是现在世界，按地域是中央娑婆世界的教主。娑婆是"能忍堪忍"的意思，娑婆世界即能忍堪忍世界。其实就是人间现实世界，充满了不堪忍受的痛苦，堪忍世界的芸芸众生，因前生的"因果报应"罪孽深重，只有"堪忍"才能往生天国，享受种种欢乐。他的造像具有"三十二相八十种好"，因为要随时对堪忍世界的臣民进行教化，手相多作"说法印""无畏印""与愿印"等。从单体造像、组合造像到造像石现世佛都是主要表现对象，各阶段具有不同的风格特点。

（3）未来佛　即弥勒佛。是继释迦牟尼之后"宣说法教，住持教化"，是于未来成就佛果的，又称弥勒菩萨，造像多以菩萨装束交脚坐的姿态出现。南涅水石刻中多有表现。

QN 四〇三

尺寸：造像高 188、宽 80、厚 52 厘米；
须弥座高 38、宽 75 厘米
时代：唐

QN 一九五—2 🎐

尺寸：上宽 31~32、下宽 33~35、通高 48 厘米

时代：北魏

（4）东方净琉璃世界佛主　即药师佛。净琉璃世界是佛教中的净土乐园，其中的居民无病无灾，衣食丰足，身心安乐，解脱苦厄，还可转女成男。药师佛典型的形象是左手持钵或药盒，右手拈药丸。如 QN 四二三。

（5）西方极乐世界佛主　即阿弥陀佛。是极乐世界的教主，极乐世界以黄金铺地，道路城池、房舍镶银砌玉。欲往生西方世界者，只要每天诵佛的名号，即有佛来接引到极乐世界，享尽荣华富贵。阿弥陀佛典型的形象是作跏趺坐，双手置足上，掌中有一莲台。南涅水石刻唐龙朔三年陈师德造像许愿铭中明确造阿弥陀像。QN一〇九—2刻画了北齐时期的净土变画面。虽不如唐代净土变华丽，但体现的确是飞天飘舞，天雨曼陀罗花，鸟出雅音的极乐净土。

（6）二佛并坐说法　在南涅水石刻造像中多有出现，是主要题材。并坐说法的二佛是释迦牟尼佛和多宝佛。多宝佛在《法华经》内是过去佛，释迦牟尼为现世佛。把释迦、多宝二佛作为主尊来供养，说明当时《法华经》在这一带十分流行。在刻画二佛形象中多有杰作，表现出工匠对二佛极为虔诚的心态。

QN 四二三

尺寸：高77、宽29、厚18厘米

时代：东魏

QN 一〇九—2

尺寸：上宽 40、下宽 43~44、通高 45 厘米

时代：北齐

QN 一九二—1 局部

时代：北魏

2 菩萨

　　菩萨又称菩提萨埵，意译为"觉有情、道从众生"。造像多为等觉位的菩萨，辅助释迦弘扬教化，在佛教中行的果位略低于佛，可于未来成就佛果。像群中常见文殊、普贤、观音菩萨，有的则无法确定其名号。菩萨造像较佛有明显的区别，头戴宝冠，身披璎珞，有臂钏、腕钏等饰物。

　　（1）文殊菩萨　释迦牟尼佛的左胁侍，专司智慧。顶结五髻，手执宝剑，表示智慧锐利，造像骑狮子，表示智慧威猛。显灵说法的道场在山西五台山。文殊菩萨的造型无定式，在胁侍菩萨中无法明确辨别。南涅水石刻只有 QN 二五七—4 文殊问疾维摩诘画面中有简洁的刻画，左为维摩诘，中为释迦牟尼，右为文殊菩萨。

　　（2）普贤菩萨　释迦牟尼佛的右胁侍，专司理德。骑白象，现身说法的道场在四川峨眉山。南涅水石刻中没有专门刻画普贤菩萨，但多处出现了立于象身的菩萨造像，还有坐于象首莲座上者。

　　阎文儒先生的《中国石窟艺术总论》讲到：骑象的普贤菩萨，最早见于《法华经·劝发品》。《法苑珠林·普贤部·感应像》也曾记载过："宋路昭太后，大明四年（460年）造普贤菩萨乘宝舆白象，安于中兴禅房。"

　　北朝北魏前期，在云冈第9窟已有单独骑象的形象，那是作为胁侍菩萨的普贤。

▶ QN 一七五—1 局部
时代：北魏

QN 二五七—4

尺寸：上宽 30~38、下宽 34~37、通高 38 厘米
时代：北魏—东魏

QN S·14

尺寸：高 34、宽 15、厚 17 厘米

时代：北齐

QN 四五九

尺寸：高 114、宽 40、厚 27 厘米

时代：北齐

QNS · 20 ✵

尺寸：高 35、宽 17、厚 17 厘米

时代：唐

3 佛陀弟子

（1）迦叶　佛陀的十大弟子之一，全称"摩诃迦叶"，意译为"饮光"，佛教历史人物。他少欲知足，修头陀行被称为"头陀第一"。传说释迦牟尼涅槃后，他是佛教第一次集结的召集人。塑像以年老苦行僧的面貌出现。单体造像QN三九〇的迦叶造型最高大，生动形象。

（2）阿难　佛陀的十大弟子之一，全称"阿难陀"，意译为"欢喜"，佛教历史人物。他长于记忆，被誉为"多闻第一"。佛教第一次集结时，由他颂出经藏。塑像多年青英俊，生机勃勃。南涅水石刻多个单体造像刻画了阿难的造型，沉稳俊俏。

QN 三九〇

尺寸：通高 255、宽 60、厚 24 厘米

时代：北魏

尺寸：残高 103、宽 30、厚 17 厘米
时代：北魏

QN 四四二局部

尺寸：高 96、宽 29、厚 18 厘米

时代：北魏

4 罗汉、天王护法众神

（1）罗汉　在数以百万的护法大军之中，修行者达到一定程度的果位，具有相应的功力，取得某种成就，就可以得到罗汉果，有十六罗汉、十八罗汉、五百罗汉之说。在雕塑或绘画中罗汉有其独到的特点。南涅水石刻中有他们丰富的形象。QN 二一八—2 罗汉造型潇洒飘逸。

（2）天王　又叫金刚。据说在如来佛主宰的婆婆世界，东西南北各有一位护法神，统称为四大金刚或四大天王，传入我国后被汉化为古代武将的形象。南涅水石刻不像后期绘画、壁画那样细微刻画，还没有形成四大天王形象，仅有怒目金刚的造像，执杵守卫在佛龛外左右两侧。

（3）力士、夜叉、地神　为保障佛尊至高无上的权力和威严，有庞大的护法大军，天王是各方面军的统帅，力士是天王属下具有一定功力的武士，夜叉、地神（地鬼）是有点功能的小神，它们各司其职，各有其能，名具其形。南涅水石刻单体造像中将力士刻画成威风凛凛的武士造像。QN 六——的力士头戴高宝冠，这种造型有时代标志意义。在洛阳龙门石窟宾阳中洞的力士像，戴上了菩萨式宝冠，之后出现得更多。造像石中这些形象多为组合形象，烘托了主尊造像。受石材大小所限，不能详尽刻画，多有简略。有肌肉发达、孔武有力的力士，有面目狰狞、龇牙咧嘴的夜叉，有赤身裸体、恪尽职守的地神。

地神，力士托举。北凉昙无谶译《金光明经·坚牢地神品》云："随是经典所流布处，是地分中敷狮子座。令说法者宣说，我当在中常作宿卫，隐蔽其身，于法座下。顶戴其足，而其大地，众味增长，药草华果，皆悉具足，众生食己，增长寿命。"

（4）飞天　乾闼婆，乐神；紧那罗，或云真陀罗，此云歌神。这两种神是经常在一起的，他们都属于天伎，轮流为诸天作乐，为数众多。在佛院讲经说法时他们满壁风动，"三千世界皆为震动"。在众多的飞天之中有专业分工，专司奏乐器者称为"乐神"，专司歌舞者称为"歌神"。他们形态优美千姿百态。南涅水石刻中的飞天有120余身，飞天造型有少数露出双脚者；有身躯健壮，扭转侧身，衣裙遮腿脚者；有身形飘逸，双腿弯曲，衣带飞扬者；有高发髻随风飞动，天衣飘动呈鱼尾，飘带迎风轻盈飘逸者。歌神雀跃飞舞，彩带飞扬，从歌神扭动的体形与彩带衣饰的图样，可以看出他们妙曼的舞姿和旋动的缓急。乐神执持的乐器中，能辨识的有羯鼓、细腰长鼓，笛，箫，排箫，箜篌，琵琶多种。乐神如醉如痴地演奏，歌神婆娑妙曼的身形，使画面产生出极强的韵律感和动感。独具匠心的点缀，既衬托了佛的尊贵、神圣，又给人以神往的感觉。

这两种形象与虚空夜叉，都雕造（或绘画）在石窟的窟顶或龛楣上，作飞行状。一般把他们俗称作"飞天"或"飞仙"，其实他们并不是天。天都是佛真正的护法。乾闼婆与紧那罗虽然也被列入护法之中，实际是供养佛护卫佛。

5 供养人

　　供养人是指佛教出家的比丘、比丘尼以及各阶层信仰佛教的男人（优婆塞）和女人（优婆夷）等。在南涅水石刻中的比例很小，多为浮雕式线刻，而且所处的位置亦是在佛龛的侧面或下部，有立式和跪姿，双手合十或双手捧物作供养状，毕恭毕敬，非常虔诚。供养人的形象在 QN 七四二北魏永熙三年太原沾县人武二龙舍地入寺碑中表现十分突出，男侍贵族绅士装束，头戴纱冠，着宽博大袖装，女侍贵妇打扮，执莲花博山炉，侍女头上双髻，体态窈窕，紧随其后。

　　佛教者认为："金檀铜素，漆纻丹青，图像圣容，名为佛宝；纸绢竹帛，书写玄言，名为法宝；剃发染衣，执持应器，名为僧宝。"石窟造像就是敬事"佛宝"的表现。佛教，尤其是大乘佛教，认为人可以"顿悟成佛"，"一阐提人皆得成佛"。只要皈依了佛教，就可以有佛性而成佛。皈依三宝，首先是敬佛，供养佛。

　　供养佛有什么好处？唐代道世说："自作供养者，得大果报，他作供养者，得大大果报，自作他作供养者，得最大大果。"

　　这些供养人像的雕造日趋丰富。魏孝文帝迁洛以后，在石窟中又雕刻出统治集团中人物出行时的卤簿（仪仗）与侍从的人群像。

QN 一三七一2 局部
时代：北魏

QN 七四二

北魏永熙三年（534年）武二龙舍田入寺造像碑

尺寸：残高103、宽64、厚10厘米

6 百戏杂耍

在我国汉代画像砖上已有较多的刻画，在云冈石窟和其他一些石窟寺壁画中也有所表现。南涅水石刻中有3件造像石表现了北魏时的百戏杂耍，技法包括爬杆、顶杆、倒挂、倒幢、软功、硬功、空翻等，还有抛流星、踩高跷多种高难动作，表演时还有简单的吹打乐器伴奏，有横笛、小锣、细腰鼓等。杂技表演的场景刻画得引人入胜，为石刻平添了几分生气，证明百戏杂技在南北朝时已经成为群众喜闻乐见的娱乐活动。《妙法莲华经文句》卷二下有解释："乾闼婆，次云嗅香……此是天帝俗乐之神也。乐者，幢倒伎也。乐音者，鼓节弦管也。"《维摩经略疏》卷五中也记"乾闼婆，此云香阴，此亦陵空之神"，又云是天主幢倒乐神，居十宝山，身黑相现，即上天奏乐。

乾闼婆这一名称，不仅是称呼鼓节弦管的乐神，而且也被用在倒立伎的身上。

南涅水石刻中还出现傩的形象。主尊佛像两侧供养菩萨着菩萨装、戴胡头、恐怖金刚面具，如 QN 二四七—4。南梁人宗懔在《荆楚岁时记》记载了傩佛结合的傩队，十二月初八相传为释迦牟尼的成道日，"村人并击细腰鼓，戴胡头及作金刚力士，以逐疫"。记载虽为南朝，但北朝的傩礼恢复汉制，也相对兴盛，并有所发展。北齐恢复了东汉傩制，北周兼采梁和北齐礼制。

▼QN 二一八—1 局部
　时代：北魏

QN 二四七一4 局部
时代：北魏

南涅水石刻中的装饰图案

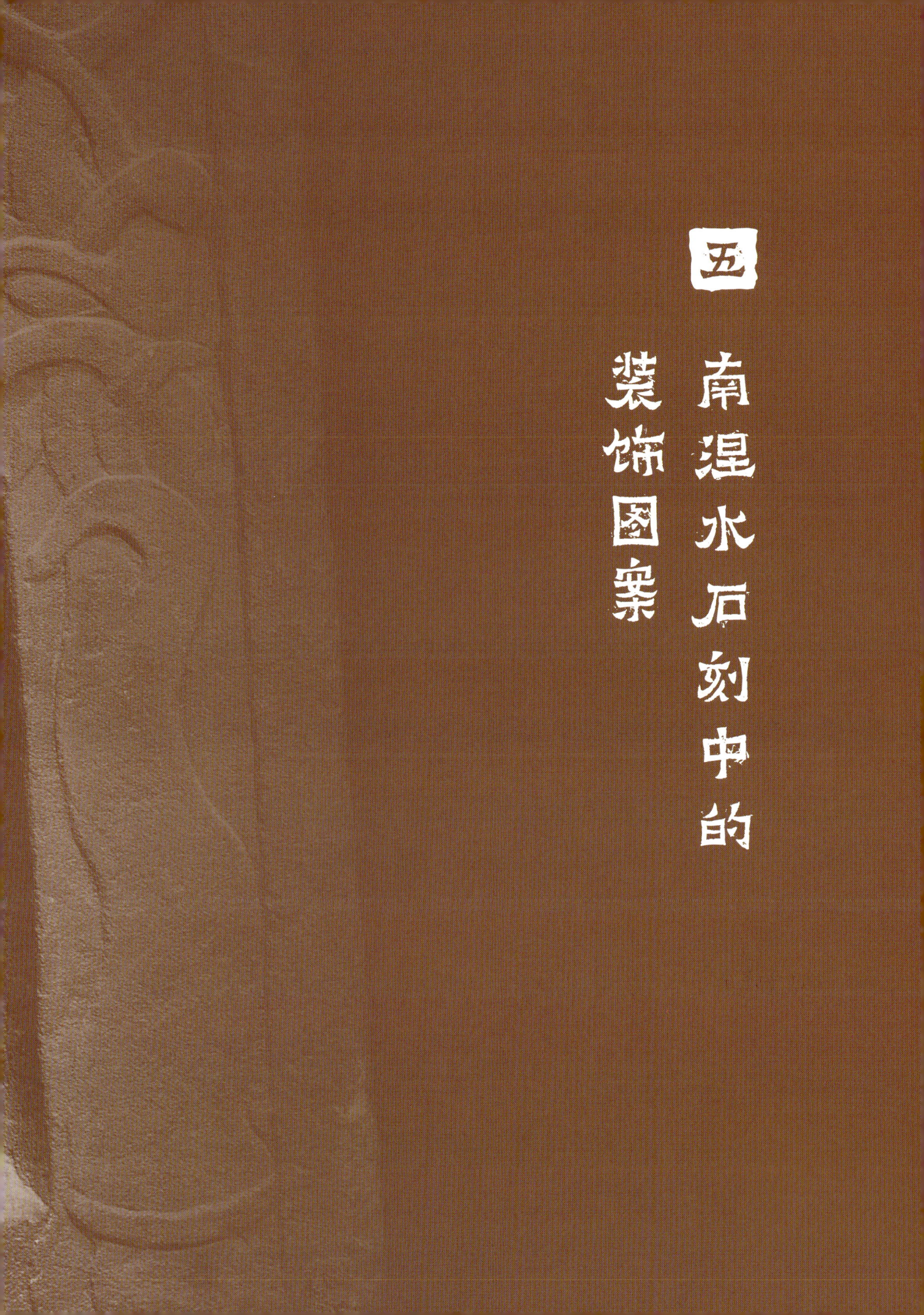

石刻造像中主尊造像、龛边侧佛传故事、龛型龛式都具有一定的装饰性，但是专作装饰功能的图案，则更为繁多复杂，而且构图灵活，无拘无束，并无一定之规。如果前几种类型的图案还有粉本摹本可以依信的话，装饰图案则完全是根据画面的要求而进行雕刻。装饰类的图案包罗万象，有植物纹样、动物纹样及其他纹样。通过装饰性纹样的刻画，动与静的变化，来烘托造像人物的形象，使之更富有生命力。装饰图案运用对比的手法，渲染气氛，增强动感，感化人们的灵魂，让人们确确实实感觉佛的存在，了解佛的活动，增强了造像的艺术感染力，也突出表现了南涅水石刻的生活气息与生命力。

▶ QN 二一五一3 局部
时代：北魏

1 植物纹样

　　包括各种花草纹、缠枝植物纹、树木枝叶纹等。在塔体的任何部位，都可根据需要刻画补白，它们与佛教人物形象融合在同一画面中，是主尊造像某一特定场面的配景，以衬托人物的心理活动，提高画面的宣教效果。

　　如思维菩萨龛外侧常饰有枝叶茂密的菩提树。不同画面以树干、枝叶的变化表现太子树下思维的紧张程度，以产生动的效果。QN 七九—2 中，思维菩萨正在沉思，画面中枝叶弯曲，自然下垂，塑造的环境与思维菩萨都比较平和。前述 QN 一〇八佛入涅槃和入棺的题材中，双树间枝叶的形状给人的感觉是沉重压抑的。QN 一九四—4 中，菩萨装的释迦牟尼面露微笑，他在树下的苦修已经得到一定的解脱，树的枝叶的形状则是轻松明快的，一只小鸟落在树枝上，更增添欢乐的气氛。

QN 七九—2

尺寸：上宽 38~40、下宽 38~40、通高 52 厘米

时代：北齐

QN 一九四—4

尺寸：上宽 36~38、下宽 39~40、通高 49 厘米

时代：北魏

忍冬瑞草是最常见的装饰图案。有的直接装饰于龛楣或佛龛两侧，有些衔于飞龙朱雀口中。

在植物纹样中还有莲花纹。在佛教造像题材中，莲是纯洁、高雅、吉祥、幸福的象征。作为装饰图案，它的茎、叶、花、果实都有不同的变化。南涅水石刻画面中有三叶莲、四叶莲、多叶莲、待放的荷叶、盛开如伞的荷叶及怒放的莲花等不同形态。

其他纹样也是如此，根据需要进行变化渲染。它们不仅仅是补白，更主要的是为突出主尊像，表达佛教的教义，达到宣传教化的目的。

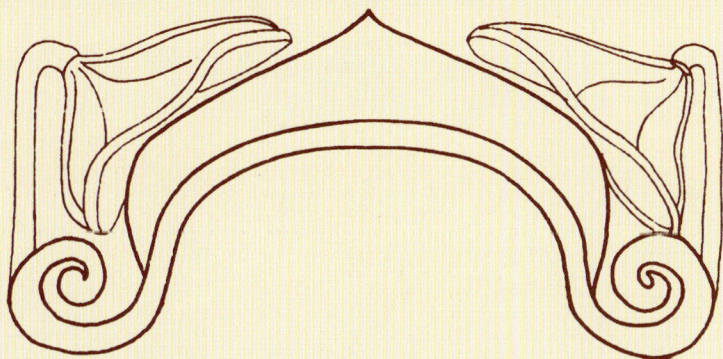

QN 七二—4 局部
时代：东魏

2　动物纹样

在南涅水石刻中出现的动物纹样有 10 多种，有现在生活中常见的马、鸡、鸭、鹅、兔，神话传说中的龙、异兽，隐现在山林中的鹿、獐、猴和作为护法的雄狮、大象，天空中飞翔的金翅雀等。

动物纹样与造像内容相协调组合，各自取势不同，则表达的含意有所变化。如龙的形象在 40 多件碑、造像石中出现，总数近百。其造型也因所处的位置不同而有所变化。如龛楣拱上守卫龛门的龙，有低首下垂作吮吸状者，有口衔流苏者，有回首口吐莲花者，有昂首欲腾飞者，有双龙缠绕相互对峙者。千变万化，姿势各异，给造像龛增添了庄重威严感。

而小鸟、鱼、雁、猴子的造型表现却与龙截然不同，细腻的线条勾勒出那些娇小的身躯，让人产生出爱怜不已的感觉。同一鸟雀也展现有不同形象，同是一长梗莲花上的朱雀、金翅鸟，有展翅欲飞、回首顾盼、引颈高歌等不同形态。

细致入微的刻画，入情入理，只有热爱生活，对万物观察细致才会将之变为生动的形象，提炼成艺术。它增强了画面的动感，使造像图案情趣万千，生机盎然。

QN 一九二一4 局部
时代：北魏

3 其他图案

▼ QN 三四—1 局部
　时代：东魏

　　石刻中的装饰性纹饰多种多样，千变万化。除上述的种种，还有许多除植物、动物以外的图样，诸如对山石的刻画，对日月的描绘，对法器、法物，衣饰、佩饰等物件的精巧雕造，都是为提高视觉效果所精心设计，旨在强化佛国世界神秘、神圣的气氛。这类图案在南涅水石刻中得到灵活、广泛的应用，取得较佳的艺术效果。

　　装饰图案吸收了各种文化因素，对日月的刻画就借鉴了传统汉画像石的表现题材，QN 三四—1 饰以三足乌和蟾蜍。汉代王充《论衡·说日》："日中有三乌，月中有兔、蟾蜍。""夫乌、兔、蟾蜍，日月气也。"刘安《淮南子·卷七·精神训》："日中有踆乌，而月中有蟾蜍。"高诱注："踆犹蹲也，谓三足乌。"（均引自《诸子集成》第 7 册，上海书店，1986 年。）这些中国传统的文化因素被刻画到佛教的图像中。

六

南涅水石刻的
雕造与窖藏

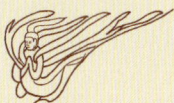

1 地域特色

南涅水石刻因时因地制宜，得天独厚，兼容并蓄，充分地展示了本土化的佛教造像艺术。当地中下层官僚和广泛的佛教组织成为扎实的基础。佛教文化与本土优秀文化的融合，以及民间艺术的生命力，为佛教艺术的提高创造了条件。

特殊的地域环境造就了成功的石雕艺术作品。随着北魏政权都城迁洛，云冈石窟失去了前期的辉煌，而在迁徙的沿途留下了崇信佛教开窟造像之种并开花结果。北魏统治者佞佛的举动为佛教的更广泛传播创造了条件。在北魏定都洛阳后，每年仍有许多官僚返回平城（今山西大同）避暑，如此延续多年。在平城、洛阳通道中重要的中转站涅县（今山西沁县），达官贵人不断来往，同时也带来了文化、艺术与工匠，留下南来的足迹，也带来北往的影响。表现在这坚硬的石材上，就形成了形象的语言，造就了南涅水第一次造像高潮。

灵活的组织形式为造就生动的艺术形象提供了保障。当时连年的征战，使苦不堪言的百姓和中下层官吏祈求安定的生活，寄希望于佛，求理想于像。共同的企盼和信仰将不同的人聚集在一起，相互安慰，一同努力，使造像成为一时时尚。造像石由一人一家发愿还愿的一石一像，发展为几十人出资出力，请更高水平的雕工石匠艺术家雕刻造像石，组合成三五级的石塔。风格一致，表现力更强，也产生了代表时代风格特色的石雕艺术品。

南涅水单体石雕造像与造像石组合、叠垒的办法，克服了开窟造像所引发的种种困难和问题。南涅水石刻像群的石料大都是在附近山曲村石料场采集的黄白砂岩，单体造像高大者有 255 厘米，小的不足 30 厘米。造像塔塔体的四方柱形石料，最大边长 80 厘米左右。石料的利用率大大提高，造价成本降低，适应了各阶层不同经济能力者的需求。这种灵活多样的造像形式，对该地区持续不断的礼佛活动，产生了一定的推动作用。在甘肃、宁夏、陕西等地这种形式的造像塔也有所发现，造像精致，不过数量有限。可以看出这种形式的普及性和广泛性。然而充分地利用这种造像形式，达到如此大的规模，延续如此长的时间，在全国范围内绝无仅有。

南涅水石刻画面构图灵活多样。有的疏可走马，有的密不透风；表现上有的粗犷，有的细腻。南涅水石刻植根于民间，缤彩纷呈，适应人们的礼佛需要，表现了雕造工艺的灵活机动性。

南涅水出土的石刻中，不管是哪个朝代的石刻造像，也无论是碑碣、四面造像石还是单体造像，都存在着截然不同的两种风格。其中一部分作品选材精良，构图严格，雕刻细致，技术水平精湛，造像表面光洁。花纹式样与装饰图案均匀对称，人物造型都比较生动，衣褶纹缕清晰，间隔均匀层次分明。这一高层次、高水准的作品，是这一地区地方官府或豪绅秉承明令诏书督造的，各方面的要求都十分严格，是官式做法的作品，其中有为数众多的石刻精品。

还有很大比例的作品，图案设计自由灵活，不依据一定的规则，雕刻明显粗糙。各部分结构并不严谨，身体比例也不太协调，表面的光洁程度更是相差甚多。细部的线条零乱，衣纹衣褶也不像官式作品那样有条理、有层次和有起止。它们出自民间艺人匠作或是初学者之手，是南涅水石刻中的民间做法或称为世俗做法。

2　残损原因

　　南涅水发掘出土的800余件石雕，经修复整理后仍有相当部分残缺不全。这批石刻千疮百孔惨不忍睹，推测有如下几种原因。

　　一是历史的原因。当佛教的存在与发展危及统治者的政治、经济利益时，当权者会毫不心慈手软地捣毁佛像、寺院，遣散僧尼沙门，没收寺院财产，坚决予以取缔打击。历史上有记载的四次大规模的毁佛灭法事件，即北魏太武帝灭法（446年）至周世宗灭法（995～960年）。从南涅水石刻的铭记推断，这批石刻恰处在自北周武帝之后三次毁佛灭法的时段和区域内。虽日本圆仁和尚曾有记录，太行山一线潞泽之州并未受灭法大的波及。但大规模的灭法下，虽地处偏远恐怕也难逃劫难。其中北周武帝的灭法长达六年之久，它于北周建德三年（574年）正式颁布灭法令，"境内三百多万僧尼还俗，四万所寺院充公"，无数的经卷、浮图毁于一旦，是历史上延续时间最长、破坏最严重的一次。北周灭北齐，仍在原北"齐境内推行废佛令"，北齐境内的寺院经像"几百不存一"。北周武帝的毁佛距北魏太武帝灭法仅百余年的时间。从僧尼还俗的人数和寺院充公的数量上可以看出，在短短的百余年内佛教的发展是何等的迅猛。南涅水石刻的造像在北齐至北周时期有一段明显停顿，这应是原因之一。

随后，北周宣帝、静帝又恢复佛道二教。隋文帝开皇元年（581年）开禁，普诏天下，任听出家，仍令计口出钱，营造经像。南涅水石刻QN六八四碑铭反映了这一变化。唐代佛教又得到重视，建寺庙、造佛像也空前地兴盛了一段时间，开元末年全国佛寺增至5358所。南涅水的寺院亦得到发展，此时期造像尤为精美。唐武宗会昌五年（845年）"天下僧尼不可胜数，皆待农而食，待蚕而衣"，"天下之财佛有七八"，僧尼人数之众成患，与国家经济成水火之势，"寺院四千六百余所招提兰若四万多处被毁，征籍僧尼四十一万五千人还俗"。后周世宗毁佛灭法是在显德二年（955年），毁寺院3336所，保留寺院2694所，用毁坏铜佛之铜铸造钱币，使国库充盈，缓解了国家经济紧张的状况。上述几次大的全国性的毁佛灭法行动，南涅水地区也受到影响，这是佛像残损的原因之一。

　　二是寺院造像完成后，随着政治变化，寺院衰落，年长日久，疏于维护自然损毁。如此众多的石刻造像，它们当初一部分是存放在寺院殿堂之中，可以避免风雨的侵蚀。但有很大一部分是在野外露天存放，风吹日晒雨淋，经天长日久，加之当地的黄白砂岩石质疏松，造像受损的现象颇为严重。从一些石刻可以看出迎风面风化严重，背风面保存较好。造像多有鼻子损坏，一说为毁佛先毁鼻，对造像产生一定的破坏。还有一说是当初在深埋之时，为使石刻造像严密多放，故意打碎的。这一理由不太切合常理。在石刻雕像深埋之时是以这批佛像有"佛法灵性"，人们不忍暴露才将他们深藏的，这其中有佛教信徒、俗家弟子对佛的迷信、对神物的敬畏，哪里还敢有意地去敲砸毁坏？

3 窖藏时间

首先排除在灭法运动的情况下掩埋石像。因为在灭佛的大趋势下，不可能有条不紊地埋藏石像，况且还需要一定数量的人员和时间才能完成。

根据史料记载和历史遗迹判断该地区在北宋时期没有大的建树（直至金代经济才重新活跃起来，许多庙宇是金大定年间修建）。此时的涅县早已被撤县，风光不再。宋王朝对建庙管理从紧，严格审批。宋仁宗天圣年间北方灾荒不断，威胜军行政力量已无力顾及地处偏远的古老寺院。颓废的寺院，再无往日的辉煌，经济力量已不能维持正常的支出。推测信奉佛法的邑仪组织发挥了积极的作用，不忍再让佛像遭受风化、破坏、遂采取集中掩埋。

不过，也不排除"末法"思想的影响。北魏灭法运动之后，产生了一种"末法"思想，即认为已进入了末法时代。为使佛法能够永远存续下去，人们开始把佛经刻于石板以流传后人。北齐尚书令唐邕在写经碑中记："缣缃有坏，简策非久，金牒难求，皮纸易灭。"相较之下，刻石方能历久长存。

从刻石铭记的时间来看，这次埋藏是有意识有组织的一次行动。从石刻埋藏排置情况看，组织者尽量收集了能够说明石雕情况的资料，如将碑铭残像等集中安置，在埋藏过程中除已损坏的之外极少磕碰，也足以说明参加埋藏的人员有一定的素质，这些都保证了埋藏的成功。

虔诚的信仰，精湛的技艺造就了鲜活的艺术。艺术家用锋利的刻刀将冰冷的石材雕刻成有艺术生命的艺术品。石刻在完成了历史使命后，脱离了原本赋予的佛教教义，成为历史的见证者。

▼ QN 六八四碑阴刻
　 唐"咸通九年"
　 （868 年）（右下）

▼ QN 六九二侧铭
　 时代：北魏
　 侧面刻"□圣九年"
　 （1031 年）（左下）

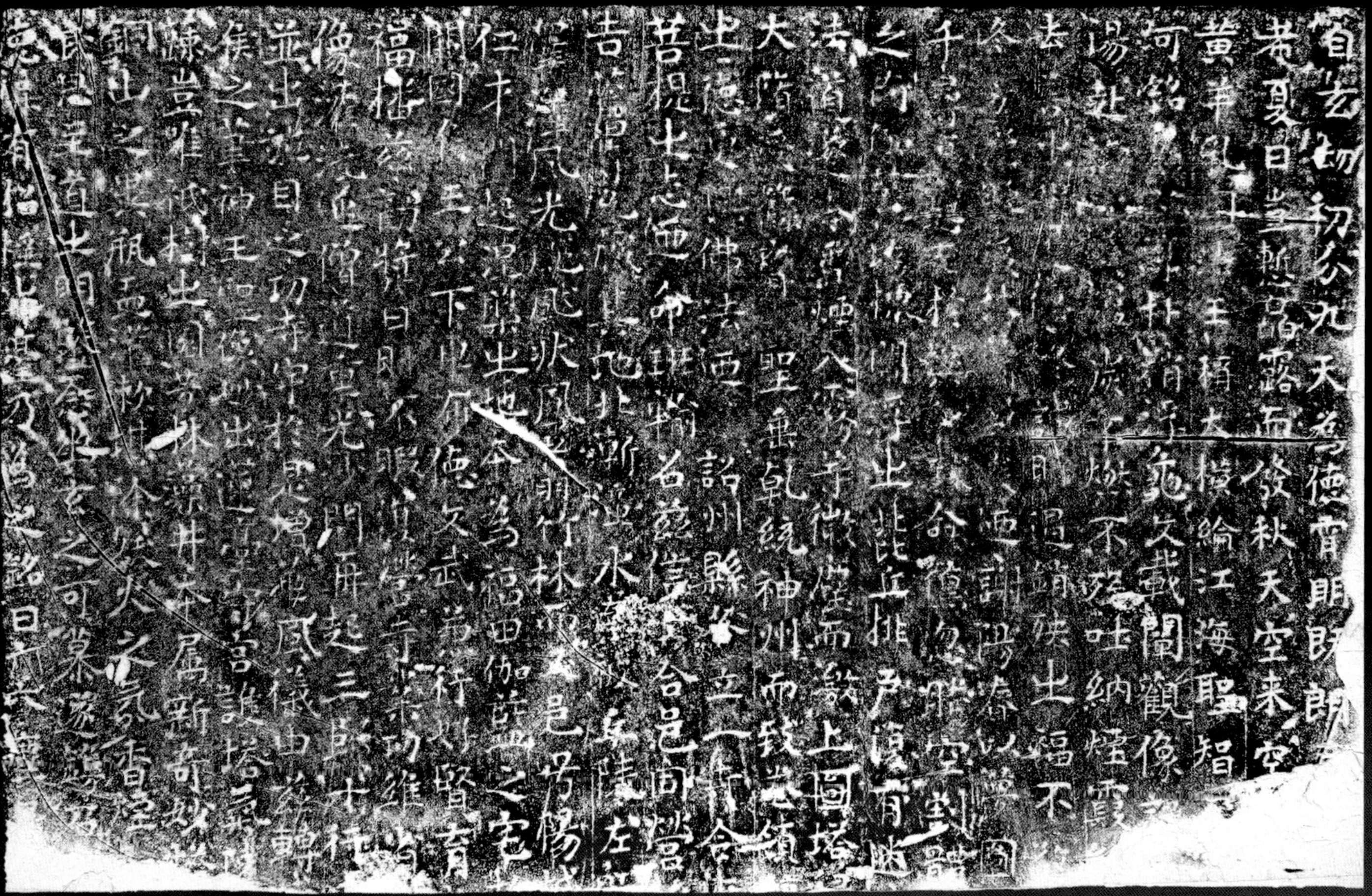

QN 六八四铭文拓片

时代：隋

南涅水石刻館

七 结 语

　　山西沁县南涅水石刻从北魏永平二年（509年）延续至宋天圣九年（1031年），在这片古老的土地上被掩藏后，这批石雕渐渐被淡忘了。但佛教的因缘却始终未与此地分离。在这块故土发现的宋金时期石雕佛像，虽说数量、质量都无法与前期石刻比拟，但表明了这块土地上佛事活动还存在。与南涅水石刻密切关联，衍生出来的南涅水洪教院就是一处重要的文物遗存。它虽与古老的石雕毫无关联，但却坐落在古寺院的遗址上。是守护还是巧合？

　　南涅水石刻充分体现了佛教文化在南北朝时期的发展和传播，在佛像汉化过程中具有代表性。它的成就代表了中国佛像艺术、石刻雕塑艺术的成就。佛教的传播促进了石雕造像艺术的发展，反之，石雕艺术的成熟也使佛教造像更人性化，传播更广泛，影响力更强。优秀的文化遗产必将为这块古老的土地增光添彩。

后记

　　《南涅水石刻》报告完整地对石刻做了文字、图片记录，在整理过程中，笔者感到这种专业报告对于大众来讲还是不太容易接触到。为了使这些石刻被更多人认识与理解，就有必要做些普及工作。把这个想法与文物出版社的编辑谈起后，他们立刻表示非常赞同，并特别提议将一些有佛教故事情节的部分，尽量讲出来，以增加知识性、趣味性。笔者将这些建议带回到山西省考古研究所与几位领导交谈后，大家都非常赞同，并表示大力支持。

　　对于文物知识的普及，确实不是可以一蹴而就，自感力不能及，于是约了商彤流、郭海林等几位朋友，一同聊天交谈。在以往对南涅水石刻认识的基础上，再次到沁县对武乡良侯店石窟和高平羊头山石窟等进行调查。并再次精读宿白先生的云冈石窟论著、阎文儒先生的中国石窟艺术相关论著等，认真阅读白化文先生的佛经寓言故事论著。在写作过程中，还参考了赵昆雨先生的《云冈石窟佛教故事雕刻艺术》、王惠民先生的《敦煌画中的尼乾子与婆薮仙》等以及部分佛经故事。经过这段学习，笔者对南涅水石刻做出简单的介绍，以抛砖引玉，恳请各位方家指正，让更多人认识山西沁县南涅水石刻这一处文化遗产。

2014 年 12 月冬至